寺録に見る寺院の歴史

著者　元浄公昭
（浄土真宗本願寺派山口教区岩国組養専寺住職）

監修者　新田光子
（龍谷大学名誉教授）

和木の養専寺

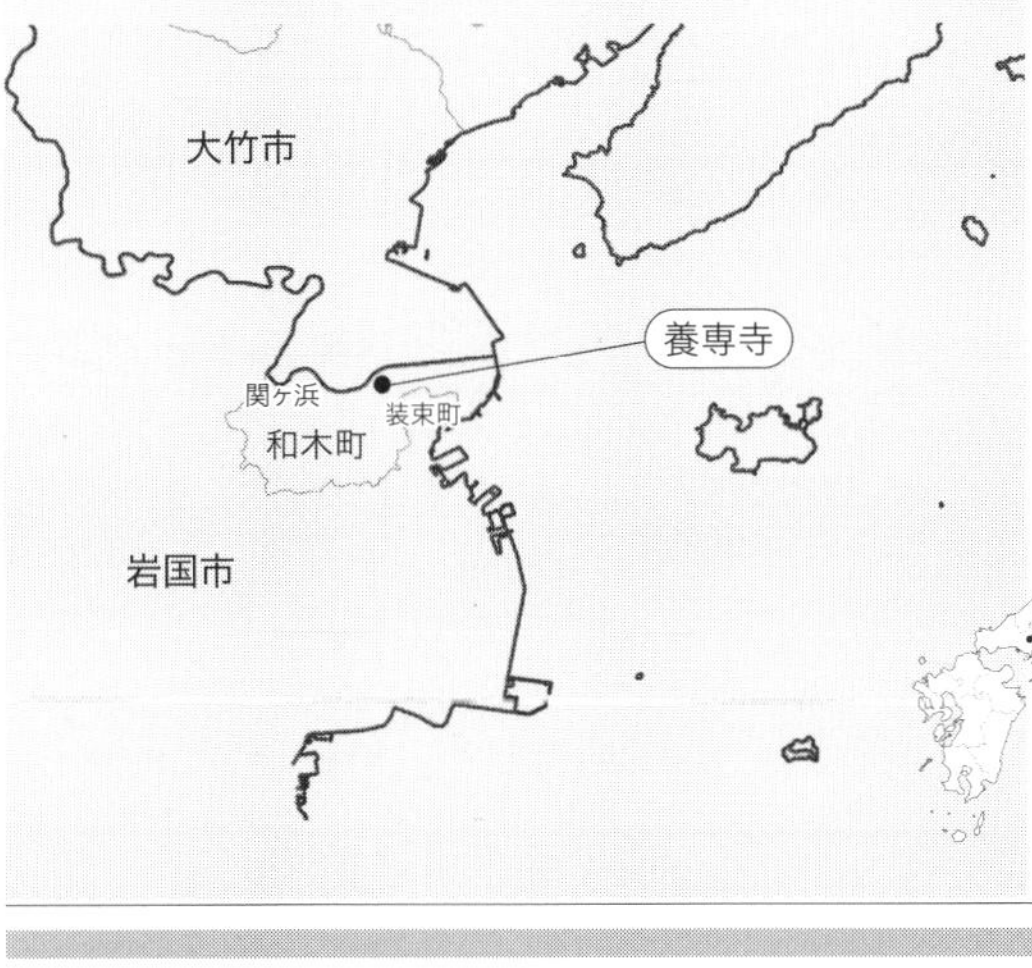

山口県玖珂郡の養専寺

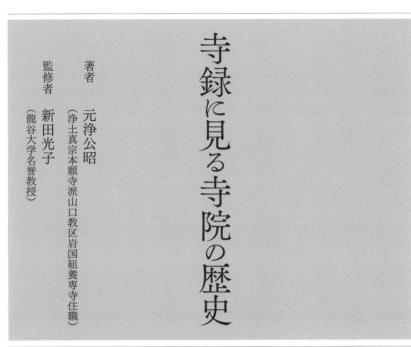

目次

はじめに

元浄公昭（浄土真宗本願寺派山口教区岩国組養専寺住職）

本書は、山口県の真宗寺院「法満山養専寺」（山口県玖珂郡和木《わき》町）に伝えられてきた寺院記録で寺院の歴史を辿るものである。

当寺の寺院記録でもっとも詳しい記述は、当寺第十四世、私の祖父にあたる正信（1891年生まれ～1974年往生、1912年住職就任～1960年退任）の綴ったものである。祖父は約400年前の創建当時から約350年にわたる当寺の出来事を大変わかりやすく記述している。社会の大きな動きに翻弄され寺院活動が困難だった実態を、亡くなって半世紀近くになる正信であるが、次代に確かに伝えてきた記録資料である。

本書ではまず「1」で、養専寺の創建・草創期の歴史をとりあげたい。次いで「2」では、江戸時代の終わりから大正・昭和期前期の当寺の動向を、正信がまとめ、自ら書き綴った寺録（以下では、「正信寺録」と呼ぶ）をみてみたい。そして「3」では「養専寺と戦争」と題して、主として陸軍燃料廠の空襲被害を中心にまとめた。養専寺の戦後の寺院活動のなかで、陸軍燃料廠空襲犠牲者の追悼が非常に大きな位置を占めたからである。

本書は、「2」で取り上げる「正信寺録」を中心に、「1」から「3」を通して一寺院の寺院活動の歴史を述べる小書である。題名は、『寺録に見る寺院の歴史』とさせていただいた。

二〇二一年三月

1 養専寺の草創期

養専寺の創建

養専寺の創建について、１６００年に関ヶ原の戦いで敗れた吉川廣家に随伴した武士、江上利成が剃髪して立存と号し、一字を建立したのが始まりであると伝えられている〔写真１〕。

開基となった立存の後１６０７（慶長12）年、安芸国広島寺町善正寺三男了周が入寺して二世住職を継職した。この了周のとき１６２３（元和９）年、本願寺十二世准如宗主より養専寺の寺号を与えられ本願寺末寺となった。本尊は立像阿弥陀如来で木像一尺七寸六分丈、「准如」の裏書がある。

１６８２（天和２）年、三世了周のときに和木村（当時の「脇」）児玉与三兵衛先祖の勧めで現在の寺地、玖珂郡和木村大字和木に移転して本堂五間半庫裡三間を建立した。

写真1　「古今記録」表紙と最初のページ

江戸時代の和木養専寺

和木は岩国藩の海岸線の最東端に位置し、小瀬川を挟んで対岸は広島藩領の大竹である。厳島神社のある宮島も近景として目視出来る風光明媚な土地柄である。江戸時代に入り開拓が進み、農業用水路が整備され、主な産業は農業と海苔の生産であった。海運業に従事して財を成した人もいた。

１７２６（享保11）年、養専寺第六世住職、祖門の頃の和木について『和木町史』は、「家数は和木一四二軒、装束二二軒、人口は和木地区・装束合わせて八六九人」と記載している。和木そして装束（現在岩国市）は、養専寺門徒の多い地域であった。

１７３５（享保20）年7月、台風による小瀬川決壊、土地流失の際には、祖門は、寺財・私財を投じて村人を救済した。この功績により、岩国藩府より褒状を授与されている。

１７４２（寛保２）年8月25日夜、和木が大火に襲われた際に養専寺は本堂、庫裏共に類焼し、開基以来の寺録など古い書類はすべてを焼失した。祖門は大火・焼失のあと、急ごしらえで本堂を仮設し、その後１７４９（寛延２）年、本堂と庫裏を再建した。その再建にあたって、「本堂内陣天井は念仏講中より寄付」と記録している。また、安芸国の堺屋五郎介より石造りの手洗いも寄進され今に残る。国境を越えて安芸国の住人から寄進されたことは、養専寺の伝道教化が広がったことを物語っているであろう。これらはいずれも、第六世住職である祖門の在職39年間のことである。

祖門在職中の村の大きな出来事は、国境をめぐる「与三野地騒動」であった。この地域は、大水が出るたびに小瀬川の川筋が動き、領地争いから両藩の小競り合いが続いた。１７５２（宝暦２）年10月9日には死傷者を出す事態に至り、岩国藩側には犠牲者3名が生じた。野脇新六、坂戸源右衛門、児玉治郎兵衛3名はいずれも和木在住の養専寺門徒であって、墓所は養専寺境内に建立された。この宝暦の騒動から50年後の１８０２（享和２）年、河川工事により一本化され、小瀬川での領地争いは無くなったようである。

領地争いが減少するなかで、開作普請が進んだ。その際に役人が養専寺を屯所としており、「享和三年（１８０３年　筆者注）二月、和木村享和開作普請の際の役人方宿仕の挨拶として金子三〇〇疋と奉書一通受領」と伝えられている。埋め立てによる開作は徐々に成果を出したが、治水対策については十分ではなかったようである。江戸時代和木村周辺は、毎年のように洪水に見舞われた。なかでも養専寺第十世住職、西住在職中の1840（天保11）年6月5日、周辺地域を襲った暴風雨によって大洪水が発生し、村内全域が被害を受けた。養専寺も本堂が大破して再建を余儀なくされた。門徒はじめ村全戸が被害を受けたなかで苦労の末、1849（嘉永2年）本堂と庫裡が再建されたが、その後も養専寺はたびたび洪水に見まわれた。養専寺第十一世誓順は、この嘉永年間の新本堂落慶に併せて継職した。

江戸時代終わりの和木養専寺の大きな出来事は、コレラ禍と「長州征討芸州口の戦い」であった。

寺院とコレラ禍

江戸末期に流行した「安政頃痢」は、和木村など岩国近辺でも流行した。養専寺にとって、大変大きな出来事であった。

後掲「正信寺録」では、「安政六　当地方にコレラが大流行し　門徒多数が死亡」（「誓順遷化」の項）と記載されている。「誓順夫婦も長女ヒデ（和田ヒデ）長男年人を残してコレラ病で死亡。

安政六年七月二十二日往生。正受院釈誓順、享年三十六歳。在職十一年。坊守は佐伯屋十右衛門の娘」(同項)と記載されている。「年人」は、正信の父である。「正信寺録」は続けて、「誓順の長子年人は二歳のため、広島県阿賀村法幢寺より大音法師を迎え、誓順の妻の妹を佐伯屋より迎えて大音の坊守とする」と記載した。年人は、養専寺が新しく迎え入れた養専寺第十二世住職大音と、その妻となった叔母に育てられた。

「長州征討」の戦い

第二次長州征討芸州口の戦いは、長州の東の端に位置する支藩の岩国藩、その藩領のさらに東の端にある和木が戦いの最前線となった。押し寄せる幕府軍の脅威のなかで最前線の村人たちや兵団の拠点となった養専寺にとっては、「正信寺録」に特筆されるべき出来事であったと思われるが、ほとんど記載されていない。大音が継職して5年目のことであった。

倒幕の急先鋒だった長州藩が幕府と対立して生じた「長州征討」は、第一次を経て1866(慶応2)年、第二次長州征討が始まった。長州では広島県・福岡県・島根県との県境、それに海路周防大島、4か所が戦場となって「四境《しきょう》戦争」が繰り広げられた。このうち広島県境での戦いが「芸州口の戦い」で、和木が長州側の最前線となった。小瀬川を挟んで長州藩・岩国藩に対し、対峙した広島藩大竹側に陣を敷いたのは幕府軍の先鋒、彦根藩・高田藩であった。6月14日、彦根藩士の竹原七郎平、曽根佐十郎ら3名が封書を携えて渡河中、川岸に潜んでいた岩国藩の戢翼団《しゅうよくだん》に狙撃され、3名は戦死し、戦闘が始まった。古老のはなしによると、亡くなった竹原が身に着けていたお守り袋には、妻からの手紙が入っていた。内容は「あなたが出陣された後、息子が亡くなり、すでに満中陰の法要もすませました。芸州へのご出陣ですから仕方ありませんね。どうか戦功を立て、一日も早く帰ってきて下さい」というものであった。これを読んだ戢翼団隊長の品川清兵衛は、自身も息子を亡くしたばかりで、竹原の胸中に相通じるものがあり、後日屯所であった和木の安禅寺に従者2名と共に彦根戦死士之墓を建立し手厚く葬った。地元では今も往時を偲ぶ顕彰の場となっている。竹原七郎平らが渡河した場所は、養専寺から200mの地点であった。さらに、当時の記録によると、戦闘の始まった14日の前日13日22時頃「寺を目標に大竹側から大砲が三発発射された」との資料がある。ちなみに長州側は、幕府側によるこの三発の砲弾打ち込みの挑発に憤り、臨戦態勢をとっていた。翌日川を渡ってくる竹原らを発見するや、いきなり銃撃したのもそんな経緯あってのことともいわれている。なお、養専寺は和木地区の平地にあり、小瀬川まで直線で100m、大竹側からは丸見えの寺である。しかも戢翼団の屯所でもあったことから砲撃の目標となっていた可能性もある。ただし養専寺の寺録に攻撃を受けたことや、被害が出たことは記されていない。いずれにせよ村中が戦争前夜の緊張のなかにあったことは間違いない。ここ養専寺も芸州口での戦闘中、最前線の屯所寺として時代のうねりの真っただ中におかれていた。戦闘は幕府側が川を越えて和木地区に攻め込んでくることはなかった。鎧や槍の旧態依然とした装備の彦根藩・高田藩に対し、長州側は近代兵器や近代戦法に加え、死に物狂いの気迫で圧倒し、幕府軍を広島藩領内東に押し戻していった。やがて停戦となり、長州征討は失敗のうちに終わり、幕府の威信は地に落ちることとなる。和木地区は幸いにも戦禍の難を逃れることとなった。

2 養専寺の寺録

現存するもっとも古い寺録は、養専寺第十三世住職、正信の父である年人が、わずかな手がかりをもとに明治中頃にまとめた「古今記録」である（前掲〔写真1〕）。そこに記載されたものを息子の第十四世住職、正信が見やすく転記し、自分の代の関連事項を書き足して養専寺寺録（「正信寺録」）とした。

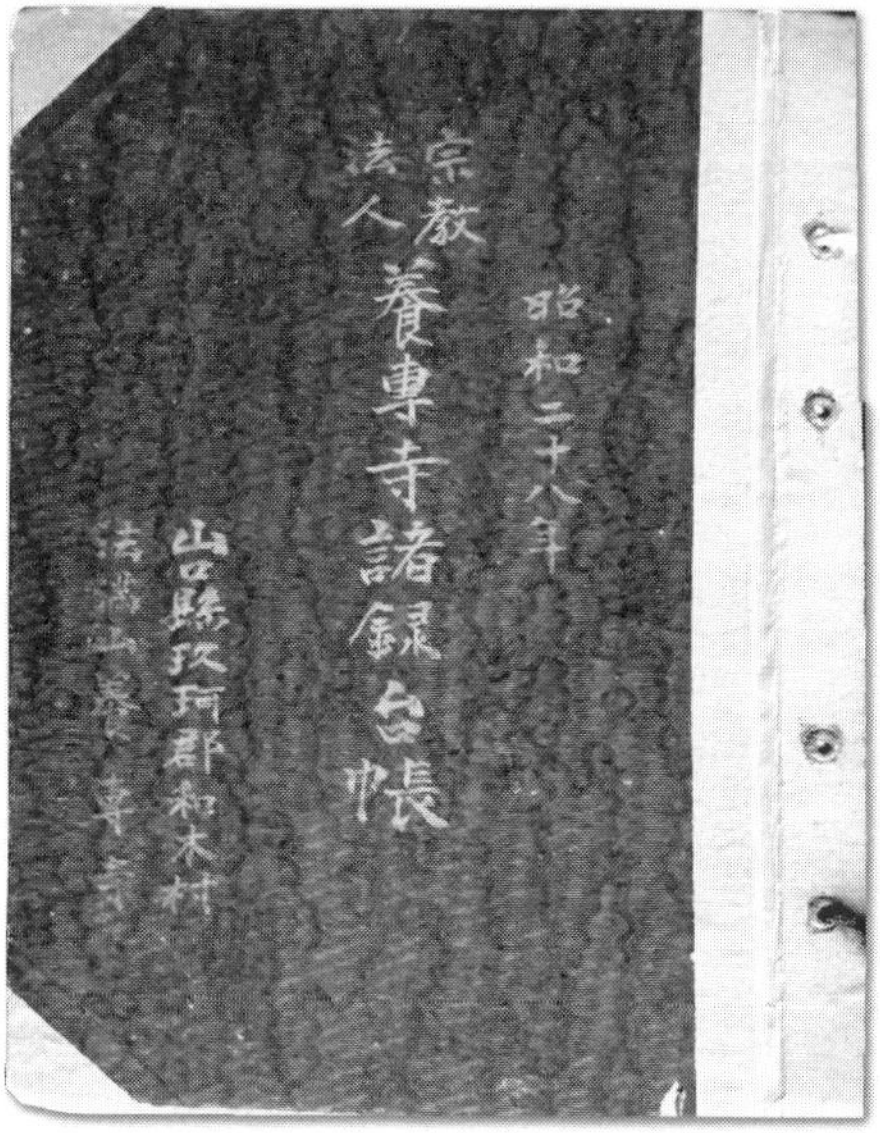

写真2　「昭和28年　諸録台帳」表紙

正信は住職在任中の1953（昭和28）年、寺録はじめ諸記録を新たに1冊の綴りにまとめて「昭和二十八年　諸録台帳」とした〔写真2〕。戦後新たに施行された宗教法人法にもとづいて寺院規則を制定し、監督官庁の山口県への提出・認証のために必要書類を作成した。記録類は、その際に整理されたのであるが、この時期は戦後の寺院活動がやや落ち着いた頃であろうか、後継住職に引き継ぐためであろうか、かなり丹念にまとめられた。

正信住職は、1960（昭和35）年、高齢を理由に住職を退任する。そのころ、正信住職は後継者誕生を喜び、住職家の一区切りと考えていた節があるので、ここでは「正信寺録」も1956（昭和31）年まで記載した。

「正信寺録」は、以下のとおりである（旧字体は新字体に改め、表記を一部読みやすくした）。

十一世　誓順

嘉永二　**住職継職**　十世西住の次男、誓順が嘉永二年に継職。学林に懸籍し、安居九回に及ぶ。長州の島地黙雷・赤松連城らと親交。本願寺門主並びに興正寺両門主より杯香を賜る。

安政五　**年人誕生**　十一世誓順の長子として安政五年七月七日に誕生。

安政六　**誓順遷化**　当地方にコレラが大流行し門徒多数が死亡。誓順夫婦も長女ヒデ（和田ヒデ）長男年人を残してコレラ病で死亡。安政六年七月二十二日往生。正受院釈誓順、享年三十六歳。在職十一年。坊守は広島県佐伯郡小方村佐伯屋十右衛門の娘。

十二世　大音

安政七　**住職継職**　誓順の長子年人は二歳のため、広島県阿賀村法幢寺（現、呉市）より大音法師を迎え、誓順の妻の妹を小方村佐伯屋より迎えて大音の坊守とする。大音は専ら当山の再興のため門徒の教化に従事する。

文久一　**西生誕生**　後に鹿児島県日置郡市来西村寺（現、いちき串木野市）の開基となる。十四世正信の坊守辰子の父。西生の妹タキエは田渕秀昭の祖母。

村勢　明治初年の頃から三十年頃まで、当地方は度々台風に襲われて海岸堤防決壊し、田畑に海水が溢れて作物が出来ず、そのため村は疲弊する。村民の一部は、北海道・ハワイ・米国に渡航する。そのため後日、ハワイ・米国より送金や帰郷で村内は大いに富むようになった。

明治五　**年人**　十五歳の時、政治を志して東京にでて、長州の政治家伊藤博文と親交を結んでいた。その後、巡査・教員となるが、京都で仏教学を修め二十歳で帰国。松島善海和上に宗乗、吉浦誓光寺（現、柳井市）に宗乗を学び、明治十八年九月十九日に広島県豊田郡小谷村元浄寺（姓、近藤）に入寺。僧覚の娘琴代と結婚、布教に従事し、中国・九州・四国を中心に布教。

十三世　年人

明治二十四　**正信誕生**　十四世となる正信、一月十二日に誕生。

明治三十　**大音遷化**　四月十六日、十二世大音が往生。享年八十一歳、在職三十七年。中興院と称す。

明治三十二　**当山改姓**　夏　年人・琴代・正信の三人、元浄寺より当山に帰って、年人が十三世を継ぐ。この時から当山の姓江上を元浄と改める。帰山後、地方布教と門徒教化につとめ、北海道に移住した門徒に布教する。

明治三十九　**正信中学**　広島第四仏教中学に学ぶ〔写真3〕。

明治四十　**得度**　十一月、父と共に上京し、第二十二代鏡如上人（光瑞門主）によって得度、僧籍に入る。

明治四十一　**前々坊守往生**　十二世大音の後妻（佐伯郡大野村より嫁ぐ）死亡。

十四世　正信

明治四十三　**十三世年人往生**　一月九日に往生。専心院釈年人と称す。享年五十三歳、在職十二年。十日密葬、十三日、浄蓮寺導師大竹法中全寺が出勤、門徒一同参集して、本堂で寺葬を修行。

当山大遠忌　宗祖六百五十回大遠忌法要を十月に五日間修行。大竹法中・楽人・天童子出仕。

明治四十四　**本山大遠忌**　四月、仏教大学（現、龍谷大学）に入学。この月、本山では宗祖六百五十回大遠忌法要を修行、梅小路駅団参係として奉仕。この年の年末、母に学資を煩わすため仏教大学を退学して、元浄寺近藤恵範叔父について布教を学び、布教を志す。

明治四十五　**継職**　正信、第十四世を継職。

村勢　当時和木村は、戸数四百余りの農村、海苔、養蚕、海外渡航（主にハワイ、アメリカ本土）して送金するため、農村としては富裕な村となる。門徒は和木・装束・新港・関ヶ浜合わせて三百余（帳簿は四百余となっているが海外移住で不在多し）。

大正元年　**大正改元**　明治四十五年七月三十日明治天皇崩御　大正と改元

写真3　学生時代の正信
（福間義朝氏提供）

大正二　**入営**　本年より専ら布教に従事する。十二月、広島に入営、翌年三月に除隊。

大正三　**住職披露**　九月二十五日より五日間、住職披露法要を修行。大竹法中・楽人・天童子出仕。

大正六　**出征**　第一次世界大戦に日本は参戦し、九月十二日に召集令状。中国山東省青島に出征し十二月四日に帰国。

大正七　**本堂再建**　第十二世大音の子である江上西生（鹿児島県西村寺開基）の世話で久留米市寺院本堂（総ケヤキ材）を買い求め、福岡県北野町の棟梁高尾和一郎氏に建築を請け負わせ、十二月一日より大工工事始める。

上棟式　一月二十日、上棟式を挙行。木造瓦本葺大棟七間四面、総坪七十八坪四合、門徒四百人を招いて折詰（七十五升）。上棟の祝宴を開いて後、餅撒き（五俵）。

五月二日に本堂竣工。六月下旬に仮入仏法要修行。総工費一万一千七百余円。門徒並びに海外（ハワイ・米国）の寄付。境内松の大樹三本を切る。山門を正面から東に移転する。六月から内陣漆工事、宮殿を京都より求める。

大正八　**御入仏**　十月八日より御入仏法要修行。講師江上西生師、大竹法中・楽人・天童子出仕。装束の嶋田京之助宅より御入仏式。十一日に和木村上伝作宅より御入影式。法要収入一、八二二円七十五銭、法要残金四百円は本堂不足金へ繰り入れる。

大正九　**仏教少年会**　仏教少年会開設。

大正十　**聖徳太子千三百年遠忌法要修行**　大竹法中・天童子出仕。

書院建立　十一月、書院を建立。

大正十一　**坊守入寺**　正信の妻として江上辰子（江上西生の三女　十九歳）、四月二十六日に仏前結婚式。五月二日、総代招宴、十一日に門徒一同招宴（二重折詰・酒土産付き、九十升）。

大正十二　**義父往生**　三月十五日、坊守辰子の父江上西生師が鹿児島西村寺にて往生。享年六十三歳。葬儀のため鹿児島へ。

九月一日、関東大震災のため東京が大被害。仏教婦人会から義援金を送る。

大正十四　**鐘楼再建**　旧梵鐘にヒビが入ったため、京都高橋に百三貫の梵鐘を求める（貫最上六円五十銭）。併せて鐘楼を本堂東に移転新築する。大工は和木廣沢棟梁。四月十五日より十九日まで撞初法要修行、大竹法中・天童子出仕。

大正九年より始めた仏教少年会を改めて仏教日曜学校として和木・装束に開設する。

大正十五　**改元**　十二月二十五日に大正天皇死去、昭和と改元。御本尊脇に「大行天皇尊儀」の位牌を本山の指示で安置。御正忌法座は大喪中のため中止して奉卓法要を御正忌中に修行。一月七日に百八の鐘を撞く。

昭和二　**明如忌**　十一月二日より五日間、明如上人二十五回忌法要を修行、大竹法中出仕。

奉祝法要　十一月十日より一週間、御大典奉祝の催しを全国市町村で営む。各寺院は十日奉祝法要を修行する。

昭和四　**慰問布教**　春、朝鮮に門徒慰問布教する。

昭和七　**戦死者追悼法要**　十一月一日より三日間、上海事変戦死者追悼法要を修行。

昭和八　**庫裡再建**　木造瓦葺二階建て、延べ八十四坪の庫裡を再建。総経費七千五百円。四月十四日に上棟、門徒一同招宴（現在の家屋建築相場は坪当たり三十円乃至五十円）。

昭和九　**示談会**　本年より毎月十五日を示談会とする。

昭和十一　**盆供養**　本年から村の主催で盆供養法要を小学校校庭で修行。村内四か寺出勤、後に盆踊りをすることとなる。

昭和十二　**日支事変**　七月七日、日本の関東軍（満州駐在軍）と支那軍が北支で衝突（この項はママ―著者）。村内の在郷軍人に召集令状が出され、毎日、出征兵士を大竹駅に送る。

村葬　十二月二十五日、第一回村葬を修行。日支事変の戦死者の遺骨を小学生及び村民一同が大竹駅に迎え、行列で小学校に帰って読経。日を改めて小学校校庭で仏式にて村葬を修行。法中は村内四ケ寺。

戦死者法要　全国の仏教寺院で戦死者の追悼法要を五日間修行。村内戦死者の追悼会も併修。

昭和十四　**第二次世界戦争**　八月三日、英国、独逸が開戦。日本は独逸と軍事同盟を締結しているため世界戦争に参戦。主食配給制度となる。

昭和十五　**御正忌と甘酒**　例年御正忌法座には、十五日夜に甘酒を参詣者にふるまう習慣であった。本年から米が配給となったため甘酒を中止する。

敵の空襲を警戒して灯火管制をしく。

前坊守往生　十月八日、正信の母琴代が往生。養壽院釈尼智孝、享年七十二歳。病中、ご法義をよろこび念仏三昧のうちに往生。生前生花をよく入れ、立花に長じ、殊に御正忌の立花を楽しむ。十二日、本堂で寺葬、大竹法中出仕。門徒会葬者六百余人。主食が配給であったが会葬者におにぎりを出す。

十一月八日、親族・総代で中陰法要を勤める。主食不自由のため、門徒には念珠を配布。

戦争と門徒・報恩講　毎年十二月から御正忌の間で門徒各戸での報恩講を営み、親族を招いていたが、主食配給になってからご法事（おとき）を中止する門徒が多くなる。本年より装束では、一日集団報恩講を営んでご法事をすることにした。

昭和十六　**陸燃建設**　和木・装束開作（百余町歩）全部をサンドポンプで海中の土をもって埋め立て工事が始まる（航空燃料）。廠内に興亜石油会社も併設。

大谷納骨　五月、辰子と共に（横本・木村夫婦も同伴）四国・阪神・京都・伊勢方面を旅行して、母の遺骨を大谷に納める。旅館はいずれも主食ハカリ飯、菓子は求める事が出来なかった（旅館は五円乃至七円）。

日米戦争　十二月八日、日本は米英に対し宣戦布告。

昭和十七　**大竹海兵団建設**　大竹開作に海兵団潜水学校を建設。和木前山に射的場を作る。

説教中止　開戦以来度々の空襲警報発令のため、定例説教五日間を三日間に、または法座を中止することが多くなる。

宗教団体法　宗教団体法によって各寺院は寺則を制定することとなった。（本願寺派は本山で一律に制定）県庁に寺院寺則並びに境内建物の平面立体の図面を添付して提出。度々県庁に出頭して訂正の上、三月三十一日付け寺則認可。

昭和十八　**梵鐘回収**　政府は戦時金属回収令を発布、国民に鉄など金属類の回収を命じる。本年一月、全国寺院の梵鐘及び仏具をくず鉄の価格で回収。当山も外陣大灯籠四個・柱かけ・五具足・大香炉など一切を合わせて回収される。梵鐘三四五円、灯籠・五一切合計一九三円一四銭。各戸に防空壕を作る。役僧西福は召集され、呉へ。

門主山口に教示　三月二十七日、光照門主、戦時態勢施化のため山口市公会堂にて教示。山口県下の全組僧侶・坊守を招く。辰子と共に山口に行く。

住職常会　戦争協力のため各市町村には部落または組単位の常会を毎月開催、戦時公債給収支給、戦力強化の協議会を開く。本山は住職常会を開いて戦争協力につなぐ。

昭和十九　**御正忌とおとき**　本年より御正忌のおとき、人員が減少したため、明年よりおとき中止を申し合わす。

仏祖を避難　空襲が激しくなり、御本尊を箱に納め空襲の度に境内の防空壕に避難。祖影は巻く。昨年より戦争は悪化して、海軍航空機の撃墜せられる日が多くなる。大竹に海兵団が出来て、海軍兵士を各戸に強制下宿、当山にも数人が下宿。

説教中止　空襲警報の発令が多くなって、説教は日中のみで、朝夕を中止する。主食支給量が減少、葬式のおときも盛り切りいっぱい飯となる。酒は一升支給。村民の外出は国民服とゲートル巻、女はモンペ袴着用して常に防火訓練する。ガソリン不足で山に松根を掘って松根

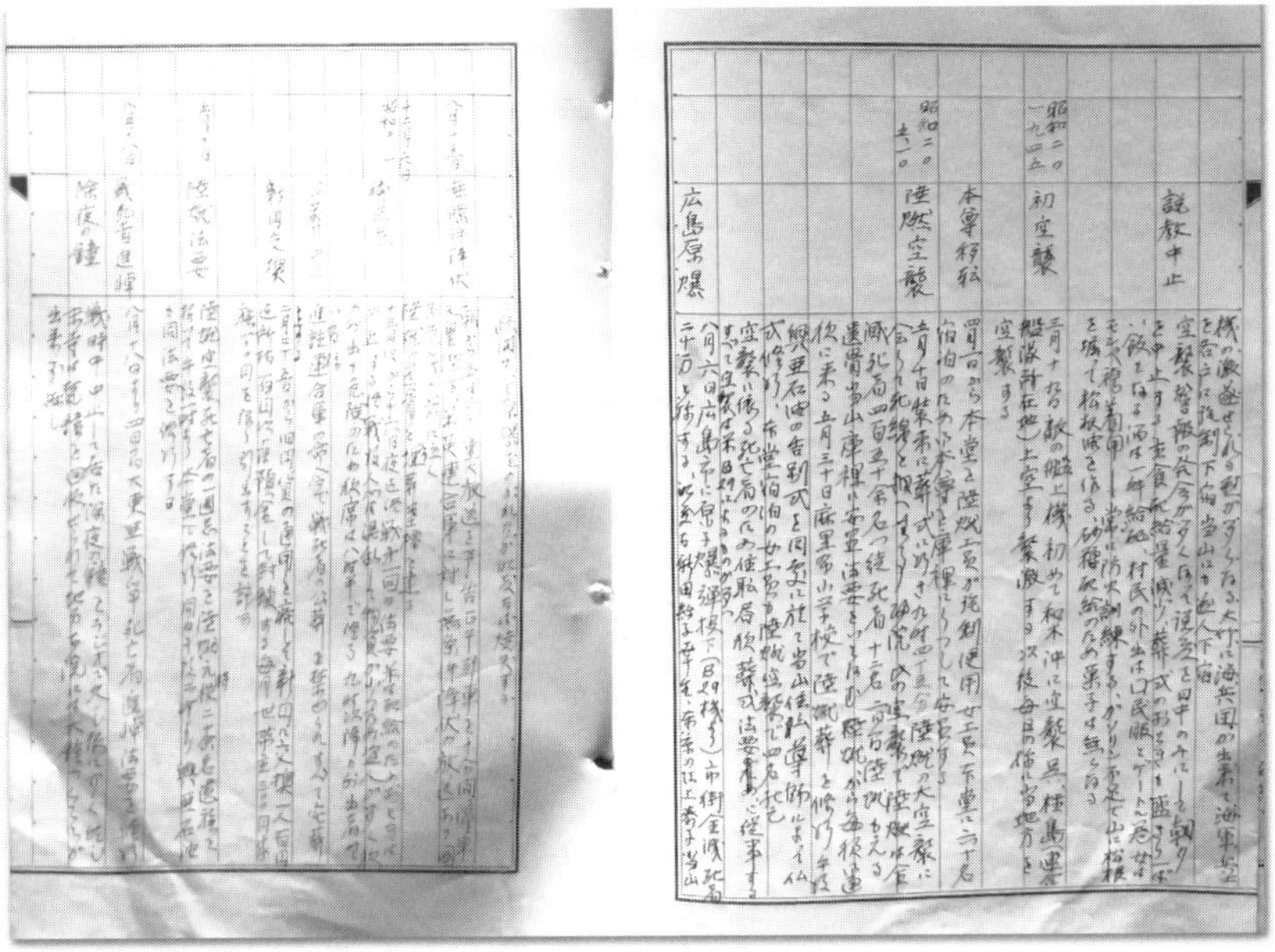

写真4　「正信寺録」1945（昭和20）年頃のページ

油を作る。砂糖支給のため菓子は無くなる〔写真4〕。

昭和二十

初空襲　三月十九日、米軍の艦上機が初めて和木沖を空襲。呉、柱島（連合艦隊所在地）上空より襲撃、以後毎日のように当地方を空襲する。

本尊移転　四月一日から本堂を陸燃工員が強制使用、女工員六十名が本堂に宿泊、そのためご本尊を庫裡にご遷座する。

陸燃空襲　五月十日九時四十五分、装束に葬式に行き、陸燃の大空襲に会う。死線を突破して帰寺。この空襲で陸燃は全滅、死者四百五十余名、門徒死者十二名。

二日間、陸燃燃える。遺骨は庫裡に安置、法要を営む。陸燃から毎夜通夜に来る。五月三十日、麻里布小学校で陸燃葬を修行、午後興亜石油の告別式を同所において当山住職導師によって仏式で修行。本堂宿泊の女工員が陸燃空襲で四名死亡、空襲による死亡者のため、住職昼夜葬式法要に従事する。空襲は米B29によるものが多い。

広島原爆　八月六日、広島市に原子爆弾投下（米B29機により）市街全滅死者二十万人と称する。広島市内明教寺の坊守・寺族・親戚が当山に疎開して原爆を免れたが、明教寺は焼失する。

無条件降伏　八月十五日朝から本日正午重大放送を予告。正午列車を十分間停車、天皇陛下、米英連合軍に対し無条件降伏の放送あり。国民、ラジオの前にて泣く。十二月六日、陸燃の遺骨を埋葬、墓標を建つ。

昭和二十一　**御正忌**　十三日夜から十六日まで、終戦第一回の法要。米は支給のため、おときは中止する。終戦後、人心は混乱して物資が少ないため盗人が多く、夜の外出も危険なため、夜席は八時半で終了。九時以降の外出はない模様。

公葬中止　進駐連合軍の命令で、戦死者の公葬を禁じられ、すべて密葬とする。

新円交換　二月二十五日から旧円貨の通用を廃して新円に交換。一人百円まで所持百円以上は貯金して封鎖する。毎月世帯主三百円、家族百円を限り引き出すことを許可。

陸燃法要　五月十日、陸燃空襲一周忌法要を陸燃元将校二十余名の遺族を招いて午後一時より本堂で修行。同日午後二時より興亜石油も同法要を修行する。

戦死者追悼　八月十八日より四日間、大東亜戦争死亡者追悼法要を修行する。

除夜の鐘　戦時中中止していた除夜の鐘をラジオで久しぶりに聞く。ただし地方寺院は梵鐘を回収せられ、梵鐘を撞くことが出来ず淋しい。

昭和二十二　**永代上座**　三月三十一日、当山永代上座一等並びに上一甲種特別衣体に。

昭和二十三　**十五世嗣子**　三月、健爾が龍谷大学を卒業、当山の嗣子として門徒総代横本菊蔵・坊守辰子が宮崎県都城市庄内願心寺に結納を持参する。

正座　堂班新たに上座の上に正座が出来る。当山正座一等に。

入寺披露　健爾の入寺披露法座を五月一日より三日間修行。大竹法中・天童子出仕。門徒には念珠を配布。

仏青発会　六月六日、仏教青年会の発会式。

昭和二十四　**堂班廃止**　占領軍の命令で堂班を廃止する。本山は収入減を補うため門徒講を設けて、末寺門徒各戸より毎年講金を募集。

梵鐘新調　ハワイの藤川喜代一氏の寄進で梵鐘を一建立。五月二十七日に大竹法中・天童子が出仕、撞初法要を修行。

昭和二十七　**寺院規則制定**　昭和二十六年四月三日、法律第一二六号に係る宗教法人法によって宗教法人「養専寺」寺則を制定。本堂に公告、総代の同意を得て昭和二十七年十月一日付本山経由県庁に提出。

昭和二十九　**寺則認証**　二十七年に県庁提出の当山寺院規則、昭和二十九年三月五日付で県知事認証。

法人設立登記　知事認証の寺則を三月十四日に登記して、宗教法人養専寺設立する。書類を添え県庁及び本山に登記完了届を提出。右登記は土地三百八十一坪、建物本堂八十四坪、その他建物二十七坪、合計百八十九坪、合計基本財産壱百万円として届出。

昭和三十　**新坊守**　五月二日、嗣子健爾の妻として山口県熊毛郡上関村戸津、報土寺三女光寿《こうじゅ》清《しずか》を迎える。広島市明教寺司婚、大竹市勝善寺媒酌人、総代十三名、親族代表願心寺母子列席。本堂で挙式、門徒には念珠を記念品として配布。

昭和三十一　**長男誕生**　四月三日、長男公昭が誕生。

所有権移転登記　六月五日、当山宅地第四一八番地を境内地に変更登記及び土地建物所有権を養専寺に移転登記。

大遠忌募財　本山は昭和三十六年の宗祖七百回大遠忌法要記念事業予算十八億六千万円の募財を末寺に割当て、山口教区は門徒一戸二千円上納につき本年度より五か年分割募財を始める。

仏婦連盟加入　八月九日に認可届出、会員数一五〇名。

3 養専寺と戦争

戦時下の寺院活動

正信は若い頃軍隊に入営し、その後、第一次世界大戦の際には中国山東省青島に出征している（「正信寺録」の「大正3年」の項）。

昭和に入って、戦争の影響が次第に色濃くなっていく様子は、たとえば食料が配給になり、灯火管制で仏事にも住職家の日常生活にもかなり支障が生じたことが寺録に記載されている（同「昭和15年」の項他）。梵鐘や仏具を供出し、法座を中止せざるをえなくなった（寺録「昭和17年」事項）、この頃のことを養専寺坊守、辰子（1904年生まれ、2000年往生 1922年に正信と結婚・入寺）は、寺院活動が「ひじょうに厳しくなった」と述べていた。

養専寺法務員は1943年（「正信寺録」の「昭和18年」の項）に呉で入隊した。門徒の多くが次々に召集されて、寺院活動の担い手の多くが失われる、厳しい状況に陥った。

のちに第十五世住職となった健爾（旧姓、大河内）は、この戦時下の時期には養専寺入寺前であった。大学に在学中であったが徴兵猶予停止により、いわゆる出陣学徒で1944（昭和19）年に召集された。熊本連隊に配属となり、そこで終戦を迎えた。養専寺入寺は、その3年後であり、大学卒業直後のことであった。

正信日誌

正信は寺録を記載するとともに、日誌も几帳面に記載していた。日誌は、「養専寺重要日誌」と名づけられ、「昭和二十八年　宗教法人養専寺諸録台帳」（前掲（写真2））に綴り大切に保存した。正信が丹念に記載した日誌は寺録に比べるとかなり分量が多く、住職家の日常、本堂庫裡に出入りした人の様子、あるいは親戚の動向を事細かく記載した。寺録と日誌の両方を細かく記載した正信は、繊細で実直な性格であり、大変穏やかな気性の持ち主であった。

「正信寺録」は1945（昭和20）年、戦時下でもっとも厳しい年明けを迎えた様子を記載していないが、日誌では、その日のことを記載した。元旦を迎えて普段の日とは違う様子は、次のように書き込まれている。

「昭和二十年元旦　現在正信55　辰子42　伯母玉代　従姉和田きみ　四名　下宿人　海軍

小川　佐島　陸軍　森田　以上三名　猫五才　鶏四羽　二才3羽　三才1羽
五時起床　仏参　後雑煮テ祝　国民学校ニ年賀　後一旦休息ヲナス
潜校海軍来院休憩三十名」〔写真5〕

「陸燃空襲」

岩国陸軍燃料廠は、1940（昭和15）年、陸軍が航空燃料生産のため和木村と岩国市装束にわたる海岸線を建設用地と定めて建設された。下請けとして民間の興亜石油も進出を決めていた。両者は、この地を石油精製の一大拠点として稼働を始め、多くの軍人、軍属、技術者はじめ工員、学徒などが動員され、急ピッチで燃料の増産体制に入った。

和木村の西に隣接する岩国では、1939（昭和14）年12月、川下村に「岩国海軍航空隊」が開設された。真珠湾攻撃に参加した航空部隊も駐屯し、近くの老舗旅館には山本五十六連合艦隊司令長官なども泊まった。東に位置する広島県大竹には1941（昭和16）年11月 大竹小島新開に海兵団が発足した。隣接地には1943（昭和18）年6月に「海軍潜水学校」が開校した。和木村近隣には多くの軍事施設が存在した。

そうした戦況のなかの1945（昭和20）年5月10日、米軍B29爆撃機延べ200機が来襲

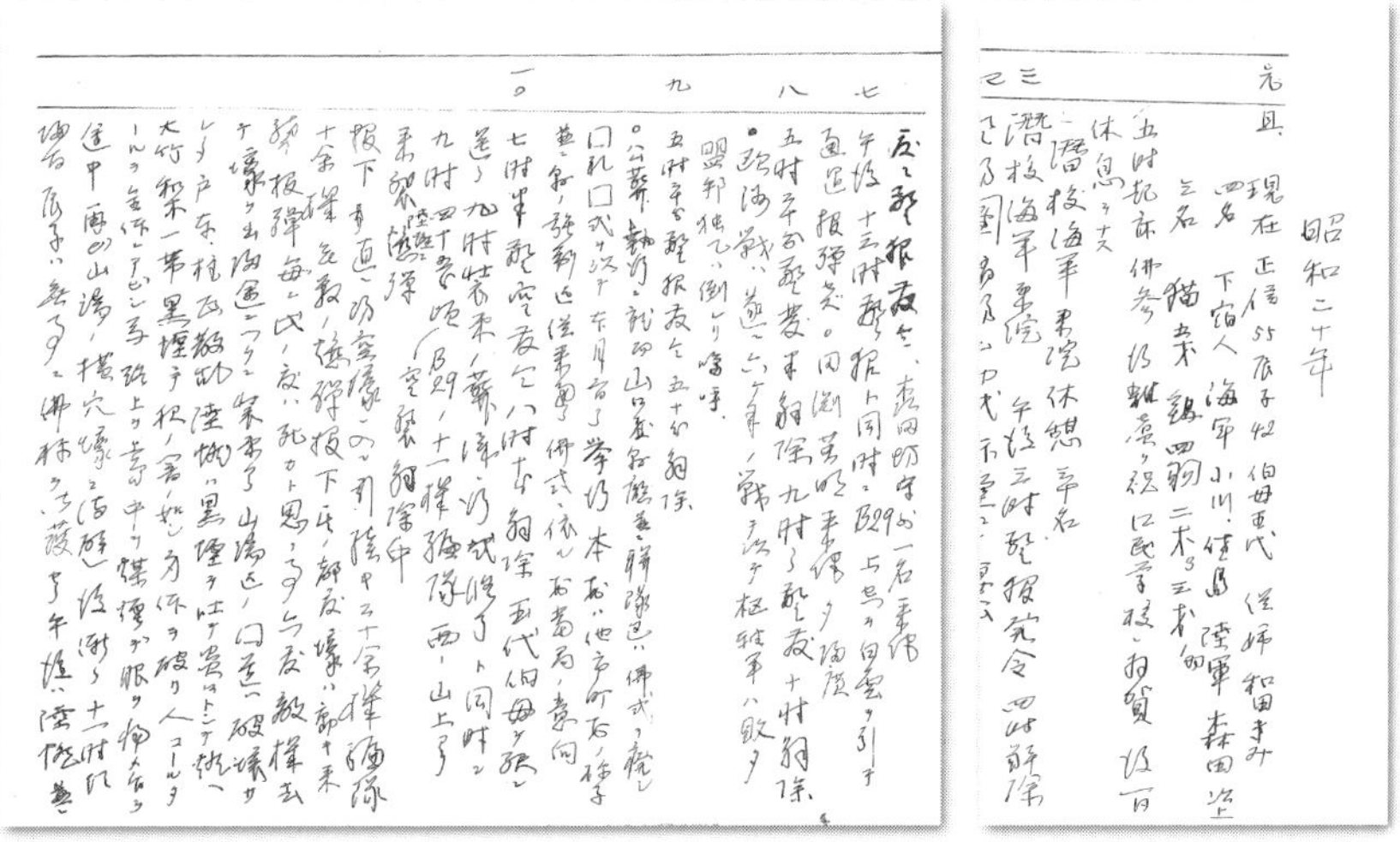

写真5　「正信日誌」1945（昭和20）年元旦と「空襲の日」ページ

し、陸軍燃料廠・興亜石油麻里府製油所を攻撃目標とした。養専寺からは2㎞足らずの距離に位置した工場・貯蔵タンクは炎と黒煙に包まれた。そのとき、正信は朝9時からの装束での葬儀が終了したばかりであり、9時45分の空襲に遭遇した。すぐに防空壕に入り難を逃れたが、防空壕は多くの人で動きがとれず、死を意識した（日誌より）。火は、「五月一二日 午前中ニ鎮火」（日誌より）した。空襲によって養専寺は、「二階ノ障子二枚破壊 ガラス数ケ所破レ 居間戸障子破損セルノミ」（日誌より）の被害にとどまったが、空襲直後に地域広範囲が混乱した状態におちいるなか、「通夜ヲトリオコナウ」「茶毘法要ヲオコナウ」「死者ノ亡骸ヲ並ベル」「骨箱ヲ庫裏内陣ニ壇ヲ作リ安置」（日誌より）するなど多忙を極めた。しばらくは、遺骨が届き仏事を勤め、犠牲者や生存者の安否を尋ねる多くの訪問者に対応する明け暮れであった。空襲の月の5月末に、正信は発熱で終日床に臥した。「十日以来ノ疲労ナラン」（日誌「5月31日」）と記載した。

空襲犠牲者は、「死者四百五十余名、門徒死者十二名」（「正信寺録」の「陸燃空襲」の項）であり、犠牲者のうちには、「岩国高女11人、安下庄中9人、岩国中1人、岩国工業7人の勤労動員学徒」（「岩国陸軍燃料廠史」より）が含まれていた。養専寺を宿舎としていた女工員60名のうちでは「女行員四名」（「正信寺録」の「陸燃空襲」の項）が犠牲になった。

この空襲は養専寺創建以来の歴史において、もっとも大きな出来事であったであろう。戦争が終わって日本社会が少し落ち着きを取り戻しても、寺院活動に大きな意味をもち続ける出来事であった。

戦争の被害

日中戦争・第二次世界大戦による犠牲者は、養専寺の門徒だけでも102名にのぼった。正信が記載した「戦死者台帳」では、軍人軍属の戦死者は日本の将兵だけではなく、米軍軍人も含まれている。イタリアやドイツ（イタリア戦線で負傷して、ドイツ国内で戦死）といった第二次世界大戦欧州戦線で亡くなった米軍軍人も含まれている。門徒のうちにはハワイなどへの海外移住者が少なくなかったが、戦争犠牲者が生じて遺族となった門徒が依頼して仏事が勤められた。海外移住した門徒にとって、故郷や養専寺は心の拠りどころであったと思われる。

空襲犠牲者は、「陸燃空襲」の犠牲者が12名、同年1945（昭和20）年8月14日の「岩国空襲」犠牲者が7名、広島に投下された原爆の犠牲者が12名に達した。正信住職が記載した「戦死者台帳」は、軍人戦死者が多かったが、民間人戦没者が少なくなかったことを示す記録である〔表1〕。

戦争が終わって和木村に帰ることができた門徒のなかには、シベリアに抑留されて生死の境をさまよった軍人もいた。養専寺では、こうした苛酷な戦争体験についても、「戦争の被害」として記憶し、伝えられている。

S20.4.11	s	24	フィリピン		
S20.4.12	k	25	沖縄	陸軍伍長	
S20.4.24	m	25	フィリピン		
S20.4.24	o	29			
S20.5.10	t	19	岩国陸軍燃料廠	陸軍軍属	女性
S20.5.10	y	30	岩国陸軍燃料廠	陸軍軍属	女性
S20.5.10	n	27	岩国陸軍燃料廠	陸軍軍属	女性
S20.5.10	m	24	岩国陸軍燃料廠	陸軍軍属	女性
S20.5.10	h	19	岩国陸軍燃料廠	陸軍軍属	女性
S20.5.10	t	45	岩国陸軍燃料廠	陸軍軍属	
S20.5.10	n	64	岩国陸軍燃料廠	陸軍軍属	
S20.5.10	f	17	岩国陸軍燃料廠	陸軍軍属	
S20.5.10	m	27	岩国陸軍燃料廠	陸軍軍属	
S20.5.10	h	49	岩国陸軍燃料廠	陸軍軍属	
S20.5.10	m	30	岩国陸軍燃料廠	陸軍軍属	
S20.5.10	t	39	岩国陸軍燃料廠	陸軍軍属	
S20.5.10	o	23	フィリピン		
S20.5.20	m	21			
S20.5.24	n	37			
S20.5.31	m	45	フィリピン	陸軍中尉	
S20.6.2	k	27	沖縄		
S20.6.20	m		マニラ	陸軍航空兵長	
S20.7.4	m	40	台湾		
S20.7.10	f	30	大阪	陸軍伍長	
S20.7.17	m	25	フィリピン	陸軍伍長	
S20.7.17	m	27			
S20.7.30	t	22			
S20.8.6	s	32	広島	軍属	原爆
S20.8.6	o	59	広島		原爆
S20.8.6	m	15	広島		原爆
S20.8.6	o	13	広島		原爆
S20.8.6	o	11	広島		原爆
S20.8.6	o	13	広島		原爆
S20.8.6	s	46	広島		原爆
S20.8.6	t	21	広島		原爆
S20.8.6	s	45	広島		原爆
S20.8.6	a	25		陸軍	
S20.8.8	s	25			原爆
S20.8.9	m	21		陸軍上等兵	
S20.8.11	o	36			原爆
S20.8.14	h	17	岩国		岩国空襲
S20.8.14	y	29	岩国		岩国空襲
S20.8.14	y	32	岩国		岩国空襲
S20.8.14	y	10	岩国		岩国空襲
S20.8.14	y	11	岩国		岩国空襲
S20.8.14	y	2	岩国		岩国空襲
S20.8.14	y	23	岩国		岩国空襲
S20.8.14	m	20		陸軍幹部候補生	
S20.8.15	m	25	北支	陸軍	
S20.8.17	m	30	鹿児島南方海域		戦病死
S20.8.23	t	34			原爆
S20.9.6	h	22	中支		

表1　戦死者台帳（調査で知りえた範囲）

命日	氏名	年齢	戦地	階級	備考
S14.7.27	m	24	満州事変ノモンハン	歩兵伍長	村葬
S15.1.12	n	29	南支	砲兵伍長	
S15.5.4	t	23	中支	歩兵上等兵	
S16.4.3	e	26		陸軍伍長	
S16.4.4	t	32	中支九江		戦病死
S16.4.22	m	22	光海軍病院		戦病死
S16.7.5	y	23	北太平洋		
S16.7.23	s	21	中支九江		戦病死
S17.6.4	t	27	中支	陸軍兵長	
S17.7.11	k	24	中支	陸軍上等兵	戦病死
S18.1.21	h	23		陸軍伍長	
S18.5.29	y	25	アッツ島	陸軍軍曹	
S18.11.12	u	33		陸軍伍長	
S18.12.26	y	34	南太平洋	陸軍	
S19.2.2	e	26	ドイツ		米国陸軍
S19.2.18	t	30	南太平洋	海軍兵曹長	
S19.3.27	h	26	ニューギニア		
S19.4.16	m	34	豪州北		
S19.7.1	m	35	ソロモン		
S19.7.4	s	25	イタリア		米兵
S19.7.4	f	26	南洋群島	海軍一等兵曽	
S19.7.8	m	31	サイパン島		
S19.7.16	e	23			
S19.7.31	k	19	フィリピン	海軍軍属	
S19.8.18	m	25	ニューギニア		
S19.8.24	m	24	豪州北		
S19.8.29	y	33			
S19.9.19	t	29	西部ニューギニア	陸軍軍属	
S19.9.21	m	26	南方海面		
S19.10.4	h		ビルマ	陸軍	
S19.10.7	o	41			
S19.10.10	h	34	ニューギニア		
S19.11.17	f	18	南西諸島		
S19.12.4	h	27	フィリピン方面	陸軍軍属	
S20.1.18	k				
S20.1.28	h	47	黄海方面	海軍	
S20.1.30	y				
S20.2.14	m	19	満州事変ノモンハン		
S20.2.17	m	18	東シナ海	水平長	
S20.2.26	h	41	マニラ		
S20.3.16	f	32	フィリピン	陸軍軍曹	
S20.3.17	o	34	硫黄島		
S20.3.17	n	23		陸軍兵長	
S20.3.18	o	23		陸軍航空兵長	
S20.3.20	m	20	南シナ海		
S20.3.22	y		ビルマ		
S20.3.27	t	29	大連		
S20.3.28	t	42	樺太		
S20.4.3	m	22	中支		
S20.4.7	m	48	鹿児島南方海域	海軍少佐	戦艦大和

戦後復興

戦争による犠牲者が多かった養専寺であるが、終戦から2、3年後に仏教婦人会や仏教青年会など教化団体の活動が再開し、寺院活動が新たに動きはじめた。戦後の復興に、門徒の寺院護持の支えが大きな力となった。梵鐘を新しく調達できたこと（『正信寺録』の「昭和24年」の項）は、賑わいを取り戻す一助となった（〔写真6〕の前列右側に辰子坊守、後列右から3人目が健爾、左隣が正信）〔写真7〕。

地元の和木村は、戦後大きく変容をとげた。1955（昭和30）年7月に（株）三井石油化学工業が設立され、陸軍燃料廠跡地に三井石油化学が進出する計画がすすんだ。工場が建設され、およそ3年後には（株）三井石油化学岩国工場が操業を開始した。この工場進出計画段階で、養専寺は準備関係者の現地拠点となった。当時のことを辰子坊守は、「庫裡の離れの棟がたびたび会合に利用され、弁当や湯茶を差し入れていた」と語っていた。

戦後の和木は日本最初の石油化学コンビナート群の村として栄え、「日本一裕福な村」といわれた。工場からの税収入による公共下水道の完成はいち早く、普及はめざましかった。人口が増加し、1973（昭和48）年、「和木村」は「和木町」となり、町制を敷いた。

「平成の大合併」の際には玖珂郡内の町村が岩国市などと合併するなか、和木町は玖珂郡内に

写真6　「梵鐘新調法要」記念集合写真

写真7　正信・辰子夫妻

残り、「一郡一町」として町制を維持し現在に至っている。

戦後の養専寺院活動のなかで、陸燃空襲被害追悼活動は非常に大きな位置を占めた。養専寺のある和木町は、戦前に陸軍燃料廠が進出してくることに始まり工業の町として経済発展を遂げてきたが、その繁栄の礎となった多くの戦争犠牲者のことは決して忘れてはならないことである。

「陸燃空襲」犠牲者の追悼

戦争が終結すると1945（昭和20）年、「十二月六日陸燃の遺骨を埋葬墓標建つ」（寺録「無条件降伏」の項）など追悼儀式を地元関係者などと共同してとりおこなった。空襲1周年の1946（昭和21）年5月10日には「法要を陸燃元将校二十余名の遺族を招いて午後一時より本堂で修行（以下略）」（「正信寺録」の「昭和21年 陸燃法要」の項）したが、それ以降も毎年の「空襲の日」には追悼法要を欠かさなかった。

1952（昭和27）年5月10日には、養専寺境内に「岩国陸軍燃料廠殉職者之碑」「興亜石油株式会社殉職者之碑」が興亜石油株式会社によって建立された〔写真8〕。

それ以降、空襲の日には決まって午前十時より本堂で追悼法要が営まれ、境内の追悼碑の前

写真8　追悼碑

写真9　13回忌法要

でも読経した。全国各地より多くの関係者が参拝し、法要後は庫裡で会食し、夕刻まで往時を偲んだ。仏事で重要な十三回忌の法要は、会社関係者も多く参加して、賑やかな追悼の機会となった〔写真9〕。

この年回法要を機に、毎年法要が続けられていることを知った遺族のおまいりも増えた。「戦後20年」の頃には本堂が満堂になる約150名、「戦後30年」の頃で約100名の参拝者であった。正信から住職を引き継いだ養専寺第十五代住職、健爾（1924年生まれ、2012年往生、養専寺入寺は1948年、1960年住職就任〜1999年退任）が主に法要を勤めた。

法要は「陸燃空襲」直後に設立された全国組織の遺族会「陸燃会（五十会《ごとうかい》）」が主催し、三井石油化学株式会社と興亜石油株式会社、両社が陸燃会と共に共催したが、1977（昭和52）年の三十三回忌法要終了を区切りとして2社は法要共催を取り止めた。それ以降から五十回忌法要までは、「陸燃会」が中心にとりおこなったが、主に地元に居住していた10名ほどの関係者が法要準備の世話をした。

五十回忌法要は出席希望者が多く、会場は予定していた養専寺から和木町文化会館に変更しておこなわれた〔写真10〕。参加者は400人にのぼった。

追悼行事を中心になってとりおこなってきた「陸燃会」は、1994（平成6）年の五十回忌を区切りに解散した。これ以降は元陸燃将校山田麻夫氏や元工員の村本美喜子氏などを中心と

写真10　五十回忌法要

した地元有志が法要を世話し、毎年の開催を実現した。

　生存者はじめ遺族など関係者は高齢化して、法要参拝者は徐々に減少した。最近の参拝者は、２０１４年の「七十回忌法要」は35人、東京や香川といった遠方からの参加者が含まれていて半数以上が遺族であった。２０１５年は24名、２０１６年は16名、２０１７年は14名、そして２０１８年は11名であった。参拝者には養専寺門信徒・役員が含まれている。最近10年間では、法要がおこなわれていることなど何らかの情報を得て初めて参拝する人が、10組程度あった。

戦争体験の継承

　養専寺は、浄土真宗本願寺派山口教区岩国組《そ》に

属する寺院である。浄土真宗本願寺派は、全国に1万か寺以上存在している。山口教区は、山口県全域を管轄した宗派の区域であり、625か寺が属している。養専寺などが属している岩国組は、33の寺院で構成している（2021年3月現在）。

養専寺は、教化団体の活動に特色を有している寺院である。

「おじいちゃんは土地を耕し種をまいた。お父さんは水をやって芽を伸ばす。お前は花を咲かせてくれ」。

これは、父健爾から言われた言葉である。祖父正信は大正・昭和期、戦争の時代の住職として門徒と共に歩み、仏教婦人会や日曜学校に力を注いだ。父健爾は、仏教婦人会、仏教壮年会、仏教青年会、そして日曜学校などを充実させ、活発な教化活動を展開した。

健爾は大学在学中から日曜学校活動に携わり、特に終戦直後の荒廃した環境での少年育成活動を実践した。養専寺入寺後は、和木村長に請われて和木村立保育所の立ち上げに尽力し、まもなく所長となった。やがて保育所は和木村立幼稚園となり、1974（昭和49）年に退職するまで園長として幼児教育に努めた。同時に、自坊日曜学校の運営にも力を入れた。

幼稚園退職後は、浄土真宗本願寺派日校連盟（のちの少年連盟）の活動に携わり、1986（昭和61）年から1996（平成8）年までは、本願寺派少年連盟理事長に就任している。1991（平成3）年、仏教に基づく青少年の育成に貢献したことが認められ、全国青少年教化協議会よ

写真11　健爾住職

写真12　日曜学校の様子

り「第15回 正力松太郎賞」を授与された〔写真11〕。

現住職は父を引き継ぎ、推進員会や養専寺クラブという新たな組織を加えつつ、各組織の連携をはかり、ご縁づくりの企画として、「イベント花まつり」・「サマフェス」・「子ども報恩講」などの行事を行っている。そんな中で、「陸燃法要」は、総代会のみならず各教化団体の関係者が集い、継承の機運が高まっていることは有難いことである。

日曜学校での「平和学習」は「陸燃空襲」の5月に行っている。祖父母や父からの伝承や、空襲体験者や遺族から直接聞いた話などを伝承すると共に、陸燃関係者より寄贈された空爆中の航空写真などを資料として活用している〔写真12〕。

平和学習活動が新聞記事にされたことがある。2018（平成30）年5月、日曜学校での追悼学習会が紹介された〔写真13〕。その記事は、浄土真宗本願寺派ホームページに「地域での活動レポート」としてとりあげられている。

日曜学校の様子は2020（令和2）年8月12日、KRY山口放送「熱血テレビ（平和特番）」――戦争の「記録」と「記憶」と題し紹介された。

2020（令和2）年コロナ禍中に、「陸燃空襲」追悼法要開催を「お知らせ版」（2020年4月24日号、年間8回発行の寺報）で案内した〔写真14〕。

当日はコロナ感染拡大で、これまで参拝を欠かされたことのない広島市在住の遺族や近隣か

2018年（平成30年）5月28日　月曜日　中國新聞

古里の空襲 語り継ぐ

山口県和木の養専寺　子ども向け学習会や法要

戦火の恐怖・平和を訴え

山口県和木町の浄土真宗本願寺派の養専寺が、太平洋戦争中にあった地元の空襲について伝え継ぐ活動を続けている。犠牲者を追悼する法要を毎年営み、子ども向けの平和学習にも力を入れる。当時を知る人が少なくなる中で、地元の寺として戦争の悲惨さと平和の大切さを訴える。（久行大輝）

㊤養専寺の本堂であった日曜学校で、村本さん（右端）の話を熱心に聞く子どもたち（20日）
㊦養専寺の「殉職者之碑」前で焼香する参列者。手前中央は元浄住職（10日）

「爆弾が落ちてきて、たくさんの同僚が亡くなった。戦争は絶対にしてはいけない」。和木町和木の養専寺の本堂で20日にあった日曜学校。空襲を体験した村本美智子さん(91)＝同町＝が、集まった町内の園児と小中学生の計15人に語り掛けた。

「防空壕を出て山の方へ必死で逃げた。辺りは火の海。高く上がった火柱が迫ってくるようで恐ろしかった」「食べ物や着る物がたくさんある平和な世の中に暮らしていることに感謝し、争いが起きないよう仲良くしてください」。約20分間の村本さんの話に、子どもたちは真剣な表情で聞き入った。

40分で356人犠牲

和木町史によると、1945年5月10日、今は三井化学岩国大竹工場となっている旧岩国陸軍燃料廠の一帯が約40分間、米軍のB29爆撃機の空襲を受けた。燃料廠や興亜石油（現JXTGエネルギー）の従業員たち356人が犠牲になったとされる。村本さんは当時、燃料廠で働いていた。

話を聞いた小学6年、井下紗弥佳さん(11)は「話し合って理解し合えば戦争は起きないと思う。思いやりの心を持って生活したい」と受け止める。村本さんのひ孫の小学6年、松本龍君(11)も参加し「今、当たり前にある服や食べ物が手に入らない時代があったことを忘れないようにする」と語った。

参加者は村本さんの話に続いて、戦時中に兵器などを造るため金属でできた釣り鐘や仏具を供出した養専寺の歴史について、元浄公昭住職(62)から説明を受けた。さらに、境内にある空襲の「殉職者之碑」に手を合わせ、碑の前で真宗の歌「恩徳讃」を合唱した。

同寺は毎月1回、法話をしたり仏事作法を教えたりする日曜学校を開催している。空襲のあった5月は毎年、元浄住職が空襲をテーマに話をしており、ことしは体験者の話を直接聞く機会を設けた。元浄住職は「子どもたちが平和な世の中に生きていることの尊さを実感してもらえたのではないか」と手応えを強調する。

遺族らが高齢化

同寺は終戦後から毎年5月10日に、追悼法要を営んでいる。今月10日の法要には、山口県内をはじめ東京や広島などに住む遺族たち計14人が参列。犠牲者を悼んだ。

参列者は30年ほど前まで50人前後いたが、最近は高齢化などにより年々減っているという。

元浄住職は「お寺として、戦争の記憶や平和を語り継ぐことはとても大切なこと。私も戦争を知らない世代だが、地元の悲劇を次の世代に伝えていきたい」と力を込める。

写真13　『中国新聞』2018年5月26日「洗心欄」

らの遺族も不参加であった。門信徒や地域住民も自粛し、被災体験者本人とその家族一組、仏教壮年会役員、住職家族の8名での勤修となった。

法要は、9時45分に梵鐘（空爆開始の時間）、10時に法要開始（行事鍾 阿弥陀経 焼香 法話）、参拝者による感想、10時半に追悼碑前で読経（重誓偈 焼香）、茶話会を実施した。「正信寺禄」や「陸燃法要」を積み重ねていく間に聞いた証言は、戦争の記憶として長く語り伝えていきたいと思う。

正信は死の間際、病床の中で、苦楽を共にした人々に書置きを残していた。「門信徒の方々へ」「法中の皆様へ」「辰子さんへ」「家族一同へ」「ご親族の皆様へ」の5通であった。「門信徒の方々へ」は、次のようなものであった。

「門信徒の皆様へ申し上げます。永い間よく私を可愛がって頂いてまことにありがとうございました。厚く御礼申し上げます。しかしこのままお別れして再会が出来ませんでは残念でなりません。どうか皆様、南無阿弥陀仏の信仰で倶会一処《くえいっしょ》のお浄土へお参りさせて頂き、今度こそはご一同様別れのない再会をお浄土でさせて頂きましょう。重ねて厚く御礼申し上げます。お念仏をおよろこび下さいませ」。

この正信の最後の想いを読むにつけ、浄土から先達たちの、あたたかいまなざしと呼び声が聞こえてくるようである。

慈光照護の中、寺に集うみなさまと共に、平和の尊さを学び「未来」につないでゆきたい。

養専寺境内
陸軍燃料廠・興亜石油の殉職者の碑
昭和二十年　五月十日、米軍による空爆を受け、約四百人が亡くなられました。戦後は石油コンビナートとなり現代の繁栄があります。尊くも礎となられた方々の追悼法要を養専寺では毎年五月十日十時より開催しております。

写真14　2020年「お知らせ版」(一部)

おわりに

新田光子（監修・龍谷大学名誉教授）

２０２０年４月、浄土真宗本願寺派は「宗門寺院と戦争・平和問題」調査の一環で、宗門全寺院を対象に郵送調査を実施した。私はその調査の実務を担当したが、養専寺から送られてきた資料は、コロナウイルス感染拡大による緊急事態宣言発令中にもかかわらず当寺院で空襲被害者追悼法要を実施する案内であった。宗門機関誌（『宗報』２０２０年８月号）に紹介させていただいたが、その後も「戦争に関係して、こんな資料が見つかった」と、本書で取り上げた「正信寺録」等さまざまな記録資料が届いた。

送り主は養専寺住職、私の従弟である。前住職はすでに亡くなったが叔父であり、私の母の弟である。寺録を綴った正信住職と辰子坊守には、私は子どもの時に大変可愛がっていただいた。〝おじいちゃん〟〝おばあちゃん〟が寺録を残されていたことは、このときはじめて知った。寺録はじめ、送られてきた日誌等の記録資料は母や父など身内の話も多く、興味を覚えたのであるが、それ以上に一寺院の歴史をわかりやすく詳細に記述している寺録等に大変興味をもった。コロナウイルス感染拡大はじめ寺院活動が大変困難な状況のなかで、戦争体験と真摯に向き合い、寺院の戦争記憶・記録に熱心に取り組む現住職・坊守あるいは前坊守など当寺院関係者の姿勢・取り組みに共感した。

宗門調査を担当してみて強く感じるのは、現代社会のなかで寺院活動に取り組み・実践するうえでのさまざまな困難さである。とりわけ寺院の歴史的事実を記録し、記録を長く伝え継承していくことは難しく、実践するにはいろいろな面でかなり困難である。異なる歴史的・社会的環境のなか、ひとつひとつの寺院が辿った活動の歴史が一様でないことで、かえって一寺院の戦争記録・歴史的事実が見過ごされやすいのではないか。こんな疑問を感じながら、しかし看過すべきではなく、情報を共有すれば「戦争体験の継承」のための宗門内外での貴重な手がかりが得られるにちがいないと思った。著者とは、こうした思いを共有した。

そんな私たちの思いを、このような形にしていただいたのは上野かおるさん（鷺草デザイン事務所）、永田唯人さん（永田文昌堂専務取締役）はじめ、多くの方たちのおかげである。おふたりのお名前を記して、みなさまに心より感謝したい。

ありがとうございました。

二〇二一年春

文献・資料一覧

養専寺資料

「法満山養専寺記録（「古今記録」）」元浄年人記述（「明治30年頃」）。

「養専寺重要日誌」元浄年人・正信（「明治32年6月～昭和25年7月6日」）

「養専寺記録（「正信寺録」）」元浄正信再録・記述（「慶長元（1596）年～昭和43年」）。

「養専寺記録」（続）元浄健爾・公昭記述（「昭和43年～現在」）。

「養専寺諸録台帳」養専寺、1953年。

一般図書・資料

仮名垣魯文『安政午秋頃痢流行記』1858年（木版墨摺）。

『四境之役参考資料』和木村教育委員会（刊行年不明）。

『和木村誌稿』和木村、1963年。

『和木町史跡標柱の解説』「和木町教育委員会、1966年。

岩国市史編纂委員会『岩国市史』上・下、岩国市、1970年。

広瀬喜運『玖珂郡志』マツノ書店、1975年。

『和木町誌稿』和木町、1980年。

日本の空襲編集委員会『日本の空襲―7中国・四国』三省堂、1980年。

「陸軍燃料廠史」岩国陸軍燃料廠史編纂委員会、1981年。

『日本都市戦災地図』原書房、1983年。

岩国・戦争体験を語り継ぐ会『岩国空襲の記録』1986年。

平塚柾緒『米軍が記録した日本空襲』草思社、1995年。

『山口県史』山口県、1996年。

末岡美胤『ふるさと逍遥―山口県玖珂郡和木町―』和木町教育委員会、2002年。

石井正紀『陸軍燃料廠』光人社（光人社NF文庫）、2003年。

『日曜学校沿革史―本願寺派少年教化の歩み』浄土真宗本願寺派少年連盟、2007年。

松並光則「和木町（村）の大災害を知ろう」町ぐるみ「和木学園」講座、2017年。

小山仁示訳『日本空襲の全容　米軍資料　マリアナ基地B29部隊』東方出版、2018年。

NHKスペシャル取材班『本土空襲全記録』角川書店、2018年。

松本泉『日本大空襲―米軍戦略爆撃の全貌』さくら舎、2019年。


「和木町で追悼法要」『中国新聞』1990年5月11日。

「岩国燃料工廠設立から50周年　和木町・養専寺で追悼法要」『防長新聞』1990年5月11日。

「これが最後の大法要」『防長新聞』1994年5月12日。

「元気！ほとけの子」『大乗』612号、2001年5月。

「ふるさとの戦争遺跡　燃料廠、製油所で多数死傷」『防長新聞』2005年8月11日。

「本土空襲　カラー写真発見」『読売新聞』2006年8月26日。

「門徒推進員らで企画し日校開校100年で盛大に」『本願寺新報』2012年4月20日。

「袈裟作りで『ご縁』」『本願寺新報』2015年3月20日。

「石油化学コンビナート　国内初58年に操業開始」『中国新聞』2017年1月1日。

「洗心」『中国新聞』2018年5月26日。

『宗報』（浄土真宗本願寺派）2020年8月号。

養専寺寺録関係年表

西暦　年号	養専寺「正信寺録」項目	宗門の動き	社会の動き
一八四九（嘉永2）	住職継職	覚如上人500回忌	
一八五八（安政5）	年人誕生		
一八五九（安政6）	誓順遷化		桜田門外の変
一八六〇（安政7）	住職継職	親鸞聖人600回大遠忌	
一八六一（文久元）	西生誕生	良如上人200回忌	
	村勢		
一八六八（慶応4）			戊辰戦争
		門末に新政府へ協力消息	王政復古
			神祇官の再興
			神仏分離令
			江戸を東京と改称
一八六八（明治元）			明治と改元
一八六九（明治2）		聖徳太子1250年忌	版籍奉還
			東京九段に招魂社創立
一八七一（明治4）			廃藩置県
		明如宗主、法灯を継承	岩倉具視らを欧米派遣
一八七二（明治5）	年人		教部省設置
		政府、真宗の公称許可	全国徴兵の詔書
一八七七（明治10）			西南戦争起こる
一八八九（明治22）			大日本帝国憲法発布
一八九〇（明治23）			「教育勅語」発布

一八九一（明治24）	当山十四世正信誕生	顕如上人300回忌	大津事件
一八九四（明治27）		日清戦争勃発、臨時部を設置	軍事公債条例
		軍人に直諭を発する	大本営を広島へ
		従軍布教を開始	
一八九五（明治28）			日清講和条約調印
		各地の師団・別院で日清戦争戦没者追悼法要	三国干渉
一八九七（明治30）	大音遷化		
一八九八（明治31）		蓮如上人400回遠忌法要	
一八九九（明治32）	当山改姓	ハワイに布教監督	
一九〇一（明治34）			愛国婦人会創立
一九〇二（明治35）			日英同盟
一九〇三（明治36）		明如宗主没 鏡如、宗主を継職	国定教科書制度
		伝灯奉告法要	
一九〇四（明治37）		日露開戦にあたり直諭を発する	日露戦争開戦
		従軍布教条例を制定	
		婦人会規則を達示	
一九〇五（明治38）			日露講和条約
一九〇六（明治39）	正信中学		
一九〇七（明治40）		仏教婦人会・仏教青年会規則制定	義務教育6年制
	得度	朝鮮別院を京城に創設	

西暦　年号	養専寺「正信寺録」項目	宗門の動き	社会の動き
一九〇八（明治41）	前々坊守往生	布教教範	
一九一〇（明治43）	十三世年人往生	法然聖人７００回忌	大逆事件
		臨時法務院を開設	韓国併合
	当山大遠忌		
一九一一（明治44）		親鸞聖人６５０回大遠忌法要	
一九一二（明治45）	継職		
	村勢		
一九一二（大正元）	大正改元		
一九一三（大正2）	住職披露		護憲運動高まる
一九一四（大正3）	出征	鏡如上人（光瑞）管長引退	ドイツに宣戦布告
一九一七（大正6）	本堂再建		石井・ランシング協定
一九一八（大正7）	上棟式		シベリア出兵
一九一九（大正8）	御入仏		パリ講和会議開催
一九二〇（大正9）	仏教少年会		日本初のメーデー
一九二一（大正10）	聖徳太子千三百年遠忌法要修行		原敬、東京駅頭で刺殺される
	書院建立		皇太子裕仁、摂政に就任
一九二二（大正11）	坊守入寺	立教開宗７００年忌 慶讃法要事務所	全国水平社創立
一九二三（大正12）	義父往生		関東大震災
一九二五（大正14）	鐘楼再建		治安維持法
一九二六（大正15・昭和元）	改元　入営		

一九二七（昭和2）	明如忌　奉祝法要		徴兵令改正、「兵役法」に改称
一九二九（昭和4）	慰問布教		改正工場法
一九三一（昭和6）		女性僧侶、得度式	満州事変
一九三二（昭和7）		上海別院に軍隊慰問本部	5・15事件
		各教区に布教団	満州国を承認
	戦死者追悼法要		リットン報告書
			大日本国防婦人会創立
一九三三（昭和8）		肉弾三勇士建碑納骨式	日本、国際連盟を脱退
	庫裡再建	伝灯奉告法要	滝川事件
一九三四（昭和9）	示談会		
一九三六（昭和11）	盆供養	光照門主が入隊	2・26事件
		託児所設置を奨励	帝国在郷軍人会令
一九三七（昭和12）	「日支事変」	光照門主が退営	日中戦争始まる
	村葬		文部省「国体の本義」
	戦没者法要		
一九三八（昭和13）		本山防空演習	国家総動員法公布
一九三九（昭和14）		宗教団体法公布	米穀配給統制法
		興亜促進運動	ノモンハン事件
	第二次世界戦争		国民徴用令
一九四〇（昭和15）		紀元2600年記念 奉賛慶讃法要	米・味噌糖等10品目の切符制採用
		堅信報国興亜生活運動	
	御正忌と甘酒	興亜部を新設	日独伊三国同盟

西暦　年号	養専寺「正信寺録」項目	宗門の動き	社会の動き
	前坊守往生		大政翼賛会結成
	戦争と門徒・報恩講		
一九四一（昭和16）		宗教団体法による宗制制定	
		大政翼賛興亜生活運動	日ソ中立条約調印
	陸燃建設		
	大谷納骨	報国団を結成	ゾルゲ事件
	日米戦争	決戦体制要綱のご消息発布式	太平洋戦争開戦
一九四二（昭和17）	大竹海兵団建設	報国総本部が「勿体ない運動」を指令	食糧管理法
	説教中止	大詔奉戴興亜報国運動	米陸軍機、日本本土初空襲
		金属献納運動、全寺院へ督励	ミッドウェー海戦
			ガダルカナル海戦
	宗教団体法		大東亜省
		「戦時報告御消息」発布	
一九四三（昭和18）	梵鐘回収		ガダルカナル島撤退開始
		全教区報告団、挺身隊を練成	アッツ島日本守備隊全滅
	門主山口に教示	第1第2の西本願寺号を海軍へ寄贈	
	住職常会		女子学徒動員
		本派寺族婦人会結成	
		戦時報国仏教婦人会大会開催	

			木炭・焚木・薪など配給制
		学徒出陣式を本願寺で挙行	理工学以外の学生の徴兵猶予撤廃
			兵役法改正
一九四四(昭和19)	御正忌とおとき	戦時教学指導本部発足	インパール作戦
	仏祖を避難	サイパン島玉砕英霊追悼法要	マリアナ沖海戦、空母の大半を失う
	説教中止		学童疎開
		戦意昂揚の全国特別布教	米機動部隊沖縄攻撃
			徴兵年齢、18歳となる
一九四五(昭和20)	初空襲	戦時宗門統監部設置	硫黄島の日本軍全滅
	本尊移転	西本願寺義勇隊結成	
	陸燃空襲	本尊・影像の避難	東京・大阪など空襲
	広島原爆	光眞門主の誕生	沖縄戦・広島長崎に原爆投下 ソ連、満州に侵攻
	無条件降伏		
		平和日本建設の消息発布	降伏文書調印
		本尊・影像が本山に戻る	GHQ、人権指令
			農地改革
			神道指令
一九四六(昭和21)	御正忌	教学指導本部審議会を開催	天皇人間宣言
	公葬中止	再建日曜学校の第1回大会	
	新円交換		極東軍事裁判開廷

西暦　年号	養専寺「正信寺録」項目	宗門の動き	社会の動き
	陸燃法要	宗教教育研究会	メーデー復活
	戦没者追悼		
	除夜の鐘		日本国憲法公布
一九四七（昭和22）	永代上座	宗門改革全国大会	教育基本法・学校教育法
一九四八（昭和23）	十五世嗣子		
	正座	宗門刷新委員会開催	
	入寺披露	鏡如上人（光瑞）没	
	仏青発会		
一九四九（昭和24）	堂班廃止	門徒講の消息	
一九五二（昭和27）	梵鐘新調		
	寺院規則制定		
一九五四（昭和29）	寺則認証		ビキニ環礁水爆実験で被災
	法人設立登記		防衛庁・自衛隊発足
一九五五（昭和30）	新坊守		
一九五六（昭和31）	長男誕生		
	所有権移転登記		日ソ共同宣言
	大遠忌募財		国連総会、日本の加盟可決
	仏婦連盟加入	親鸞聖人７００回 大遠忌待受同朋大会開催	

現本堂（2021年3月撮影）

［著者紹介］

元浄公昭（がんじょう きみあき）

1956年生まれ。1979年龍谷大学文学部真宗学科卒業。特別法務員、布教使。山口教区勤式指導員歴任。1999年養専寺第十六世住職を継職。2000年「本願寺門主ドイツ・ブラジルご巡教」に随伴、法要及び声明演奏会に出仕。

［監修者紹介］

新田光子（にった みつこ）

龍谷大学名誉教授。専門は宗教社会学。著書に『原爆と寺院』（法蔵館、2004年）、編著に『戦争と家族』（昭和堂、2009年）、『広島戦災児育成所と山下義信』（法蔵館、2017年）など。

寺録に見る寺院の歴史

2021（令和3）年5月10日　第1刷

著　者　元　浄　公　昭
監修者　新　田　光　子
制　作　鷺草デザイン事務所
発行者　永　田　　　悟
印刷所　亜細亜印刷株式会社
　　　　創業慶長年間
発行所　永田文昌堂
　　　　京都市下京区花屋町通西洞院西入
　　　　電　話（075）371-6651
　　　　F A X（075）351-9031

ISBN978-4-8162-6069-8 C1015